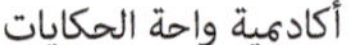

أكاديمية واحة الحكايات

متجر واحة الحكايات

أَتَـمَنّي أَنْ يَكونَ العالَمُ وَرْدِيًّا

تأليف: صفاء عزمي

رسوم: ناتاليا

4

وَأَتَمَنَّى أَنْ تَكونَ
عِنْدي عَصًا سِحْرِيَّةٌ تُحَوِّلُ
الْعالَمَ إلى اللَّوْنِ الْوَرْدِيِّ،

6

وَفَرِحْتُ لَمَّا وَجَدْتُ
الدُّنْيا كُلَّها وَرْدِيَّةً.

الْبُيُوتُ والسَّيَّاراتُ والدَّرَّاجاتُ،
وحَتَّى القِطَطُ كانَ لَوْنُها وَرْدِيًّا.
ولَكِنَّي في الحُلْمِ ضِعْتُ ولَمْ أعْرِفْ
بَيْتي، فالبُيوتُ كُلُّها وَرْدِيَّةٌ،

وَلَمْ أَجِدْ
فَالسَّيَّارَاتُ سَيَّارَتَنا،
كُلُّها وَرِدِيَّةٌ

وَلَمْ أَعْرِفْ دَرّاجَتي، فَالدَّرّاجاتُ كُلُّها وَرْديَّةٌ،
وَلَمْ أَعْرِفْ قِطَّتي، فَالقِطَطُ كُلُّها وَرْديَّةٌ.

وصَحَوْتُ مِنَ الحُلْمِ؛ أحْمَدُ اللَّهَ عَلى أنَّ بَيْتَنا أصْفَرُ،
وسَيَّارَتَنا زَرْقاءُ، ودَرّاجَتي بَنَفْسَجِيَّةٌ، وقِطَّتي بُرْتُقالِيَّةٌ،
وحَمَدْتُ اللَّهَ على أنَّ عِنْدي مَلابِسَ وَرْدِيَّةً، وحَقيبَةً
وَرْدِيَّةً، وحِذاءً وَرْدِيًّا،

فَأَنا أُحِبُّ اللَّوْنَ الْوَرْدِيَّ وَأُحِبُّ الْعالَمَ مِنْ حَوْلي مُلَوَّنًا بِأَلْوانِ قَوْسِ قُزَح.

بَعْدَ قِراءةِ القِصَّةِ أقومُ بِبَعْضِ الأنْشِطَةِ والنِّقَاشَات:

- اقتِـراح: أقْتَرِحُ عُنْوانًا جَديدًا لِلْقِصَّةِ.

- اختِيار: أختارُ اسمًا لِبطَلَةِ القِصَّةِ.

- تَفكير: هَلْ هَذِهِ القِصَّةُ حَقيقيَّةٌ أمْ خَياليَّةٌ؟ ولِماذا؟

- نِقاش: هل ستُغيِّرُ بطلةُ القصَّةِ رَأيَها فِي الأَلْوانِ؟

- بَحث: كَمْ عَدَدُ ألْوانِ قَوسِ قُزَحٍ؟ وَما هِيَ؟ وَمَتى تَظْهَرُ فِي السَّماء؟

- رَسم: أرسُمُ صورةً لِقوسِ قُزح، وأكْتُبُ ثَلاثَ كَلِماتٍ تَصِفُهُ.

أفكار للأسرة والمعلّم... المرحلة الثانية

بعـد قـراءة المرحلـة الأولى، تتكـون لـدى الطفـل حصيلـة مـن الكلمـات تمكنـه مـن قـراءة جمـلة بسـيطة. وقـد حرصنـا في المرحلـة الثانيـة عـلى تكـرار بعـض الكلمـات والجمـل القصـيرة، وهـذا يُشعِـر الطفـل بسـعادة وثقـة لقدرتـه عـلى القـراءة والانتقـال مـن صفحـة إلى صفحـة بسرعـة.

دور الكبار في القراءة:

قبل القراءة:

نقرأ العنوان وننظر إلى لغلاف، ونترك المجال للطفل كي يعلـق على الغلاف.

نفتـح الكتـاب، وننظـر إلى الصـور، ونسـتمع لتعليقـات الطفـل، ونتدخـل بطريقـة تُـحفِّزه عـلى الاسـتمرار في الحديـث، واستكشـاف صفحـات الكتـاب.

أثناء القراءة:

في هـذه المرحلـة قـد يحتـاج الطفـل إلى المسـاعدة في نطـق بعـض الكلمـات الصعبـة؛ ولذلـك يمكـن أن نسـاعد الطفـل عـلى نطـق أصـوات الحـروف التـي يسـتطيع أن يُـمَيِّزَها في الكلمـة، ثم نُعطيـه سهـلة، ونُسـاعده عـلى إيجـاد أقـرب كَلـ ة مُناسِبَـة، مِنْ ناحيـة النطـق والمعنـى، مَـع الاسـتعانة بالإشـارة إلى الصـور، وفي حـال الجمـل المكـررة، يمكـن أن نرفـع الصـوت في الحـرف الأول، ونشـير باليـد بمعنـى التكـرار، مـا يعطـي ثقـة للطفـل ودافعًـا إلى الاسـتمرار .